СВЯТИТЕЛЬ ИГНАТИЙ БРЯНЧАНИНОВ

В ПОМОЩЬ КАЮЩИМСЯ

ORTHODOX LOGOS PUBLISHING

В ПОМОЩЬ КАЮЩИМСЯ

святитель Игнатий Брянчанинов

Икона на обложке книги:
«Игнатий (Брянчанинов)», *Неизвестный автор*

© 2024, Orthodox Logos Publishing, The Netherlands

www.orthodoxlogos.com

ISBN: 978-1-80484-146-4

This book is in copyright. No part of this publication may be reproduced, stored in a retrieval system or transmitted in any form or by any means without the prior permission in writing of the publisher, nor be otherwise circulated in any form of binding or cover other than that in which it is published without a similar condition, including this condition, being imposed on the subsequent purchaser.

СВЯТИТЕЛЬ ИГНАТИЙ БРЯНЧАНИНОВ

В ПОМОЩЬ КАЮЩИМСЯ

ORTHODOX LOGOS PUBLISHING

СОДЕРЖАНИЕ

Предисловие ... 7

Восемь главных страстей
с их подразделениями и отраслями ... 8

О добродетелях, противоположных
восьми главным греховным страстям ... 14

Дополнения из разных источников ... 18

Исповедь ... 22

От кающегося требуется ... 27

Лучше брань, чем мир, удаляющий нас от Бога ... 28

Биография: Святитель Игнатий (Брянчанинов) ... 32

ПРЕДИСЛОВИЕ

Начало, основание и вершина духовной жизни в Православии – сугубое покаяние. Это тот самый трудный и узкий путь, по которому нам завещал идти Спаситель. На этом пути возникает у нас множество препятствий, преткновений, недоумений.

И вот – прославленный русский святитель Игнатий (Брянчанинов), глубокий и тонкий знаток человеческой души, сам прошедший скорбный путь покаяния и теперь молящий Бога о нас, грешных, преподает нам бесценные уроки.

ВОСЕМЬ ГЛАВНЫХ СТРАСТЕЙ С ИХ ПОДРАЗДЕЛЕНИЯМИ И ОТРАСЛЯМИ

1. Чревообъядение

Объядение, пьянство, нехранение и разрешение постов, тайноядение, лакомство, вообще нарушение воздержания. Неправильное и излишнее люблéние плоти, ее живота и покоя, из чего составляется самолюбие, от которого нехранение верности к Богу, Церкви, добродетели и людям.

2. Любодеяние

Блудное разжение, блудные ощущения и положения души и сердца. Принятие нечистых помыслов, беседа с ними, услаждение ими, соизволение им, медление в них. Блудные мечтания и пленения. Нехранение чувств, в особенности осязания, в чем дерзость, погубляющая все добродетели. Сквернословие и чтение сладострастных книг. Грехи блудные естественные: блуд и прелюбодеяние. Грехи блудные противоестественные.

3. Сребролюбие

Люблéние денег, вообще люблéние имущества движимого и недвижимого. Желание обогатиться. Размышление о средствах обогащения. Мечтание богатства. Опасения старости, нечаянной нищеты, болезненности, изгнания. Скупость. Корыстолюбие. Неверие Богу, неупование на Его Промысл. Пристрастия или болезненная излишняя любовь к разным тленным предметам, лишающая душу свободы. Увлечение суетными попечениями. Любление подарков. Присвоение чужого. Лихва. Жестокосердие к нищей братии и ко всем нуждающимся. Воровство. Разбой.

4. Гнев

Вспыльчивость, принятие гневных помыслов: мечтание гнева и отмщения, возмущение сердца яростью, помрачение ею ума: непристойный крик, спор, бранные, жестокие и колкие слова, ударение, толкание, убийство. Памятозлобие, ненависть, вражда, мщение, оклеветание, осуждение, возмущение и обида ближнего.

5. Печаль

Огорчение, тоска, отсечение надежды на Бога, сомнение в обетованиях Божиих, неблагодарение Богу за все случающееся, малодушие, нетерпеливость, несамоукорение, скорбь на ближнего, ропот, отречение от креста, покушение сойти с него.

6. Уныние

Леность ко всякому доброму делу, в особенности к молитвенному. Оставление церковного и келейного правила. Оставление непрестанной молитвы и душеполезного чтения. Невнимание и поспешность в молитве. Небрежение. Неблагоговение. Праздность. Излишнее успокоение сном, лежанием и всякого рода негою. Перехождение с места на место. Частые выходы из келий, прогулки и посещения друзей. Празднословие. Шутки. Кощуны. Оставление поклонов и прочих подвигов телесных. Забвение грехов своих. Забвение заповедей Христовых. Нерадение. Пленение. Лишение страха Божия. Ожесточение. Нечувствие. Отчаяние.

7. Тщеславие

Искание славы человеческой. Хвастовство. Желание и искание земных и суетных почестей. Люпление красивых одежд, экипажей, прислуги и келейных вещей. Внимание к красоте своего лица, приятности голоса и прочим качествам тела. Расположение к наукам и искусствам гибнущим сего века, искание успеть в них для приобретения временной, земной славы. Стыд исповедовать грехи свои. Скрытие их перед людьми и отцом духовным. Лукавство. Самооправдание. Прекословие. Составление своего разума. Лицемерие. Ложь. Лесть. Человекоугодие. Зависть. Уничижение ближнего. Переменчивость нрава. Потворство. Бессовестность. Нрав и жизнь бесовские.

8. Гордость

Презрение ближнего. Предпочтение себя всем. Дерзость. Омрачение, дебелость ума и сердца. Пригвождение их к земному. Хула. Неверие. Лжеименный разум. Непокорность Закону Божию и Церкви. Последование своей плотской воле. Чтение книг еретических, развратных и суетных. Неповиновение властям. Колкое насмешничество. Оставление христоподражательного смирения и молчания. Потеря простоты. Потеря любви к Богу и ближнему. Ложная философия. Ересь. Безбожие. Невежество. Смерть души.

Таковы недуги, таковы язвы, составляющие собою великую язву, ветхость ветхого Адама, которая образовалась из его падения. Об этой великой язве говорит святой пророк Исайя: «от ног даже до головы несть в нем целости: ни струп, ни язва, ни рана палящаяся несть пластыря приложити, ниже елея, ниже обвязания» (Ис. 1, 6). Это значит, по изъяснению Отцов, что язва – грех – не частная, и не на одном каком-нибудь члене, но на всем существе: объяла тело, объяла душу, овладела всеми свойствами, всеми силами человека. Эту великую язву Бог назвал смертью, когда, воспрещая Адаму и Еве вкушение от древа познания добра и зла, сказал: «В оньже аще день снесте от него, смертию умрете» (Быт. 2, 17). Тотчас по вкушению плода запрещенного, праотцы почувствовали вечную смерть; во взорах их явилось ощущение плотское; они увидели, что они наги. В познании наготы тела отразилось обнажение души, потерявшей красоту непорочности, на которой почивал Дух Святый. Действует в глазах плотское ощущение, а в душе стыд, в котором совокупление всех греховных и всех постыдных ощущений: и гордости, и нечистоты, и печали, и уныния, и отчаяния. Великая язва – смерть душевная; неисправима ветхость, происшедшая после потери Божественного подобия! Великую язву Апостол называет законом греховным, телом смерти (Рим. 7, 23–24), потому что умерщвленные ум и сердце вполне обратились к земле, служат раболепно тленным пожеланиям плоти, омрачились, отяготели, сами соделались плоть. Эта плоть уже неспособна к общению с Богом! (Быт. 6, 3). Эта плоть не способна наследовать блаженство вечное, небесное! (1Кор. 15, 50). Великая язва разлилась на весь род человеческий, соделалась достоянием злосчастным каждого человека.

Рассматривая великую мою язву, взирая на умерщвление мое, исполняюсь горькой печали! Недоумеваю, что мне делать? Последую ли примеру ветхого Адама, который, увидев наготу свою, спешит скрыться от Бога? Стану ли, подобно ему, оправдываться, возлагая вину на вины греха? Напрасно – скрываться от Всевидящего! Напрасно – оправдываться перед Тем, Кто всегда побеждает, «внегда судити» Ему (Пс. 50, 6).

Облекусь же вместо смоковичных листьев в слезы покаяния; вместо оправдания принесу искреннее сознание. Облеченный в покаяние и слезы, предстану перед лицом Бога моего. В раю ли? Я изгнан оттуда, и херувим, стоящий при входе, не впустит меня! Самою тягостию моей плоти я пригвожден к земле, моей темнице!

Грешный потомок Адама, ободрись! Воссиял свет в темнице твоей: Бог низшел в дольнюю страну твоего изгнания, чтоб возвести тебя в потерянное тобою твое горнее отечество. Ты хотел знать добро и зло: Он оставляет тебе это знание. Ты хотел сделаться яко Бог, и от этого сделался по душе подобным диаволу, по телу подобным скотам и зверям; Бог, соединяя тебя с Собою, соделывает тебя Богом по благодати. Он прощает тебе грехи. Этого мало! Он изъемлет корень зла из души твоей, самую заразу греховную, ад, ввергнутый в душу диаволом, и дарует тебе врачество на весь путь твоей земной жизни для исцеления от греха, сколь бы раз ты ни заразился им, по немощи твоей. Это врачество – исповедание грехов. Хочешь ли совлечься ветхого Адама, ты, который святым крещением уже облечен в Нового Адама, но собственными беззакониями успел оживить в себе ветхость и смерть, заглушить жизнь, соделать ее полумертвою? Хочешь ли ты, поработившийся греху, влекомый к нему насилием навыка, возвратить себе свободу и праведность? Погрузись в смирение! Победи тщеславный стыд, научающий тебя лицемерно и лукаво притворяться праведным и тем хранить, укреплять в себе смерть душевную. Извергни грех, вступи во вражду со грехом искреннею исповедью греха. Это врачевание должно предварять все прочие; без него врачевание молитвою, слезами, постом и всеми другими средствами будет недостаточным, неудовлетворительным, непрочным. Поди, горделивый, к духовному отцу твоему, у ног его найди милосердие Отца Небесного! Одна, одна исповедь, искренняя и частая, может освободить от греховных навыков, соделать покаяние плодоносным, исправление прочным и истинным.

В краткую минуту умиления, в которую открываются очи ума для самопознания, которая приходит так редко, написал я это в обличение себе, в увещание, напоминание, наставление. А ты, кто с верою и любовью о Христе прочитаешь эти строки и, может быть, найдешь в них что-нибудь полезное себе, принеси сердечный вздох и молитву о душе, много пострадавшей от волн греховных, видевшей часто перед собою потопление и погибель, находившей отдохновение в одном пристанище: в исповедании своих грехопадений.

О ДОБРОДЕТЕЛЯХ, ПРОТИВОПОЛОЖНЫХ ВОСЬМИ ГЛАВНЫМ ГРЕХОВНЫМ СТРАСТЯМ

1. Воздержание

Удержание от излишнего употребления пищи и пития, в особенности от употребления в излишестве вина. Хранение точное постов, установленных Церковью, обуздание плоти умеренным и постоянно одинаковым употреблением пищи, от чего начинают ослабевать вообще все страсти, а в особенности самолюбие, которое состоит в бессловесном люблении плоти, жизни и покоя ее.

2. Целомудрие

Уклонение от всякого рода блудных дел. Уклонение от сладострастных бесед и чтения, от произношения сладострастных, скверных и двусмысленных слов. Хранение чувств, особенно зрения и слуха, и еще более осязания. Скромность. Отвержение помышлений и мечтаний блудных. Молчание. Безмолвие. Служение больным и увечным. Воспоминание о смерти и аде. Начало целомудрия – ум, не колеблющийся от блудных помыслов и мечтаний; совершенство целомудрия – чистота, зрящая Бога.

3. Нестяжание

Удовлетворение себя одним необходимым. Ненависть к роскоши и неге. Милосердие к нищим. Любление нищеты евангельской. Упование на промысл Божий. Последование Христовым заповедям. Спокойствие и свобода духа и беспопечительность. Мягкость сердца.

4. Кротость

Уклонение от гневливых помыслов и от возмущения сердца яростию. Терпение. Последование Христу, призывающему ученика Своего на крест. Мир сердечный. Тишина ума. Твердость и мужество христианские. Неощущение оскорблений. Незлобие.

5. Блаженный плач

Ощущение падения, общего всем человекам, и собственной нищеты душевной. Сетование о них. Плач ума. Болезненное сокрушение сердца. Прозябающая от них легкость совести, благодатное утешение и радование. Надежда на милосердие Божие. Благодарение Богу в скорбях, покорное их переношение от зрения множества грехов своих. Готовность терпеть. Очищение ума. Облегчение от страстей. Умерщвление миру. Желание молитвы, уединения, послушания, смирения, исповедания грехов своих.

6. Трезвение

Усердие ко всякому доброму делу. Неленостное исправление церковного и келейного правила. Внимание при молитве. Тщательное наблюдение за всеми делами, словами и помышлениями и чувствами своими. Крайняя недоверчивость к себе. Непрестанное пребывание в молитве и Слове Божием. Благоговение. Постоянное бодрствование над собою. Хранение себя от многого сна и изнеженности, празднословия, шуток и острых слов. Любление нощных бдений, поклонов и прочих подвигов, доставляющих бодрость душе. Редкое, по возможности, исхождение из келий. Воспоминание о вечных благах, желание и ожидание их.

7. Смирение

Страх Божий. Ощущение его при молитве. Боязнь, рождающаяся при особенно чистой молитве, когда особенно сильно ощущаются присутствие и величие Божие, чтоб не исчезнуть и не обратиться в ничто. Глубокое познание своего ничтожества. Изменение взора на ближних, причем они, без всякого принуждения, кажутся так смирившемуся превосходнее его по всем отношениям. Явление простодушия от живой веры. Ненависть к похвале человеческой. Постоянное обвинение и укорение себя. Правота и прямота. Беспристрастие. Мертвость ко всему. Умиление. Познание таинства, сокровенного в Кресте Христовом. Желание распять себя миру и страстям, стремление к этому распятию. Отвержение и забвение льстивых обычаев и слов, скромных по принуждению или умыслу, или навыку притворяться. Восприятие буйства евангельского. Отвержение премудрости земной, как непотребной перед Богом (**Лк. 16, 15**). Оставление словооправдания. Молчание перед обижающими, изученное в Евангелии. Отложение всех собственных умствований и приятие разума евангельского. Низложение всякого помысла, взимающегося на разум Христов. Смиренномудрие или духовное рассуждение. Сознательное во всем послушание Церкви.

8. Любовь

Изменение во время молитвы страха Божия в любовь Божию. Верность Господу, доказываемая постоянным отвержением всякого греховного помысла и ощущения. Несказанное, сладостное влечение всего человека любовию к Господу Иисусу Христу и к поклоняемой Святой Троице. Зрение в ближних образа Божия и Христа; проистекающее от этого духовного видения предпочтение себе всех ближних, благоговейное почитание их о Господе. Любовь к ближним братская, чистая, ко всем равная, радостная, беспристрастная, пламенеющая одинаково к друзьям и врагам. Восхищение в молитву и любовь ума, сердца и всего тела. Несказанное наслаждение тела радостию духовною. Упоение духовное. Расслабление телесных членов при духовном утешении[1]. Бездействие телесных чувств при молитве. Разрешение от немоты сердечного языка. Прекращение молитвы от духовной сладости. Молчание ума. Просвещение ума и сердца. Молитвенная сила, побеждающая грех. Мир Христов. Отступление всех страстей. Поглощение всех разумений превосходящим разумом Христовым. Богословие. Познание существ бестелесных. Немощь греховных помыслов, не могущих изобразиться в уме.

Сладость и обильное утешение при скорбях. Зрение устроений человеческих. Глубина смирения и уничиженнейшего о себе мнения... Конец бесконечен!

---

[1] Св. Исаак Сирский. Слово 44

ДОПОЛНЕНИЯ ИЗ РАЗНЫХ ИСТОЧНИКОВ

Кратчайшая исповедь

Грехи против Господа Бога

Верование снам, ворожбе, встречам и другим приметам. Сомнения в вере. Леность к молитве и рассеянность при ней. Нехождение в Церковь, долгая небытность у исповеди и Св. Причастия. Лицемерие в Богопочтении. Хула или только ропот на Бога в душе и на словах. Намерение поднять на себя руки. Напрасная божба. Обещание Богу неисполненное. Кощунство над священным. Гнев с упоминанием нечистой силы (черта). Ядение или питие в воскресные и праздничные дни до окончания Литургии. Нарушение постов или неточное соблюдение их, рабочее дело в праздники.

Грехи против ближнего

Неусердие к своей должности или к своему делу в общежитии. Непочтение к высшим или старшим. Неисполнение обещания человеку. Неуплата долгов. Отнятие силой или тайное присвоение себе чужого. Скупость на милостыню. Личная обида ближнему. Пересуды. Оклеветание. Проклинание других. Напрасные подозрения. Незащищение невинного человека или дела правого с потерею для них. Убийство. Непочтение к родителям. Несмотрение с христианской заботливостью за детьми. Гнев – вражда в семейной или домашней жизни.

Грехи против самого себя

Праздные или скверные мысли в душе. Желание зла ближнему. Лживость слова, речи. Раздражительность. Строптивость или самолюбие. Зависть. Жестокосердие. Чувствительность к огорчениям или обидам. Мщение. Сребролюбие. Страсти к наслаждениям. Сквернословие. Песни соблазнительные. Нетрезвость и многоядение. Блуд. Прелюбодеяние. Неестественный блуд. Неисправление своей жизни.

Из числа всех сих грехов против десяти заповедей Божиих некоторые, достигая в человеке высшей ступени развития своего, переходя в порочные состояния и ожесточая его сердце нераскаянностью, признаются тяжкими особенно и противными Богу.

Грехи смертные, то есть делающие человека повинным вечной смерти или погибели:

1. Гордость, презирающая всех, требующая себе от других раболепства, готовая на небо взыти и уподобиться Вышнему: словом – гордость до самообожания.

2. Несытая душа, или Иудина жадность к деньгам, соединенная большею частью с неправедными приобретениями, не дающая человеку и минуты подумать о духовном.

3. Блуд, или распутная жизнь блудного сына, расточившего на такую жизнь все отцовское имение.

4. Зависть, доводящая до всякого возможного злодеяния ближнему.

5. Чревоугодие или плотоугодие, не знающее никаких постов, соединенное со страстною привязанностью к различным увеселениям по примеру Евангельского богача, который веселился на вся дни светло.

6. Гнев непримирительный и решающийся на страшные разрушения, по примеру Ирода, который в гневе своем избил Вифлеемских младенцев.

7. Леность, или совершенная о душе беспечность, нерадение о покаянии до последних дней жизни, как например, во дни Ноя.

Грехи хулы на Духа Святого

Чрезмерное упование на Бога или продолжение тяжкогреховной жизни в одной надежде на милосердие Божие.

Отчаяние или противоположное чрезмерному упованию на Бога чувство в отношении к милосердию Божию, отрицающее в Боге отеческую благость и доводящее до мысли о самоубийстве.

Упорное неверие, не убеждающееся никакими доказательствами истины, даже очевидными чудесами, отвергающее самую дознанную истину.

Грехи, вопиющие небу об отмщении за них

Вообще умышленное человекоубийство (аборты), а в особенности отцеубийство (братоубийство и цареубийство).

Содомский грех.

Напрасное притеснение человека убогого, беззащитного, беззащитной вдовы и малолетних детей сирот.

Удержание у убогого работника вполне заслуженной им платы.

Отнятие у человека в крайнем его положении последнего куска хлеба или последней лепты, которые потом и кровию добыты им, а также насильственное или тайное присвоение себе у заключенных в темнице милостынь, пропитания, тепла или одеяния, которые определены им, и вообще угнетение их.

Огорчение и обиды родителям до дерзких побоев их.

Конец и Богу слава.

ИСПОВЕДЬ

Исповедаю аз многогрешный *имярек* Господу Богу и Спасу нашему Иисусу Христу и тебе, честный отче, вся согрешения моя и вся злая моя дела, яже содеял во все дни жизни моей, яже помыслил даже до сего дня.

Согрешил: Обеты Св. Крещения не соблюл, иноческого обещания не сохранил, но во всем солгал и непотребна себе пред Лицем Божиим сотворил.

Прости нас, Милосердный Господи *для народа*.

Прости мя, честный отче *для одиноких*.

Согрешил: пред Господом маловерием и замедлением в помыслах, от врага всеваемых против веры и св. Церкви; неблагодарностью за все Его великие и непрестанные благодеяния, призыванием имени Божия без нужды – всуе.

Прости мя, честный отче.

Согрешил: неимением ко Господу любви, ниже страха, неисполнением св. воли Его и св. заповедей, небрежным изображением на себе крестного знамения, неблагоговейным почитанием св. икон; не носил креста, стыдился креститься и исповедывать Господа.

Прости мя, честный отче.

Согрешил: любви к ближнему не сохранил, не питал алчущих и жаждущих, не одевал нагих, не посещал больных и в темницах заключенных; закону Божию и св. Отцов преданиям от лености и небрежения не поучался.

Прости мя, честный отче.

Согрешил: церковного и келейного правила неисполнением, хождением в храм Божий без усердия, с леностию и небрежением; оставлением утренних, вечерних и других молитв; во время церковной службы – согрешил празднословием, смехом, дреманием, невниманием к чтению и пению, рассеянностию ума, исхождением из храма во время службы и нехождением в храм Божий по лености и нерадению.

Прости мя, честный отче.

Согрешил: дерзая в нечистоте ходить в храм Божий и всякия святыни прикасатися.

Прости мя, честный отче.

Согрешил: непочитанием праздников Божиих; нарушением св. постов и нехранением постных дней – среды и пятницы; невоздержанием в пище и питии, многоядением, тайноядением, разноядением, пьянством, недовольством пищей и питием, одеждой, тунеядством (туне – даром, незаконно; ядство – ядение, даром хлеб есть).

Своея воли и разума исполнением, самонравием, самочинием и самооправданием; недолжным почитанием родителей, невоспитанием детей в православной вере, проклинанием детей своих и ближних.

Прости мя, честный отче.

Согрешил: неверием, суеверием, сомнением, отчаянием, унынием, кощунством, божбою ложною, плясанием, курением, игрой в карты, гаданием, колдовством, чародейством, сплетнями, поминал живых за упокой, ел кровь животных (Вселенский собор, 67 правило. Деяния Апостолов, 15 гл.).

Прости мя, честный отче.

Согрешил: гордостию, самомнением, высокоумием, самолюбием, честолюбием, завистию, превозношением, подозрительностию, раздражительностию.

Прости мя, честный отче.

Согрешил: осуждением всех людей – живых и мертвых, злословием и гневом, памятозлобием, ненавистию, злом за зло воздаянием, оклеветанием, укорением, лукавством, леностию, обманом, лицемерием, пересудами, спорами, упрямством, нежеланием уступить и услужить ближнему; согрешил злорадством, зложелательством, злосетованием, оскорблением, надсмеянием, поношением и человекоугодием.

Прости мя, честный отче.

Согрешил: невоздержанием душевных и телесных чувств; нечистотою душевною и телесною, услаждением и медлением в нечистых помыслах, пристрастием, сладострастием, нескромным воззрением на жен и юношей; во сне блудным ночным осквернением, невоздержанием в супружеской жизни.

Прости мя, честный отче.

Согрешил: нетерпением болезней и скорбей, люблением удобств жизни сей, пленением ума и окаменением сердца, непонуждением себя на всякое доброе дело.

Прости мя, честный отче.

Согрешил: невниманием к внушениям совести своей, нерадением, леностию к чтению слова Божия и нерадением к стяжанию Иисусовой молитвы. Согрешил любостяжанием, сребролюбием, неправедным приобретением, хищением, воровством, скупостью, привязанностью к разного рода вещам и людям.

Прости мя, честный отче.

Согрешил: осуждением и ослушанием отцов духовных, ропотом и обидой на них и неисповеданием пред ними грехов своих по забвению, нерадению и по ложному стыду.

Прости мя, честный отче.

Согрешил: немилосердием, презрением и осуждением нищих; хождением в храм Божий без страха и благоговения, уклоняясь в ересь и сектантское учение.

Прости мя, честный отче.

Согрешил: леностию, расслаблением, негою, люблением телесного покоя, многоспанием, сладострастными мечтаниями, пристрастными воззрениями, бесстыдными телодвижениями, прикосновениями, блудом, прелюбодеянием, растлением, рукоблудием, невенчанными браками, тяжко согрешили те, кто делали аборты себе или другим, или склоняли кого-нибудь к этому великому греху – детоубийству. Проводил время в пустых и праздных занятиях, в пустых разговорах, шутках, смехе и других постыдных грехах.

Прости мя, честный отче.

Согрешил: унынием, малодушием, нетерпением, ропотом, отчаянием в спасении, неимением надежды на милосердие Божие, бесчувствием, невежеством, наглостию, бесстыдством.

Прости мя, честный отче.

Согрешил: клеветою на ближнего, гневом, оскорблением, раздражением и осмеянием, непримирением, враждой и ненавистию, прекословием, подсматриванием чужих грехов и подслушиванием чужих разговоров.

Прости мя, честный отче.

Согрешил: холодностию и бесчувственностию на исповеди, умалением грехов, обвинением ближних, а не себя осуждением.

Прости мя, честный отче.

Согрешил: против Животворящих и Св. Тайн Христовых, приступая к Ним без должного приготовления, без сокрушения и страха Божия.

Прости мя, честный отче.

Согрешил: словом, помышлением и всеми моими чувствами: зрением, слухом, обонянием, вкусом, осязанием, – волею или неволею, ведением или неведением, в разуме и неразумии, и не перечислить всех грехов моих по множеству их. Но во всех сих, так и в неизреченных по забвению, раскаиваюсь и жалею, и впредь с помощью Божиею обещаюсь блюстись.

Ты же, честный отче, прости мя и разреши от всех сих и помолись о мне грешном, а в оный судный день засвидетельствуй пред Богом об исповеданных мною грехах. Аминь.

Конец и Богу слава.

Грехи, исповеданные и разрешенные ранее, повторять на исповеди не следует, ибо они, как учит Святая *Церковь*, уже прощены, но если мы их снова повторяли, то снова в них нужно каяться. Надо в тех грехах каяться, которые были забыты, но вспомнились теперь.

ОТ КАЮЩЕГОСЯ ТРЕБУЕТСЯ

Сознание своих грехов. Осуждение себя в них. Самообличение пред духовником. Покаяние не только словом, но и делом. Покаяние есть исправление – новая жизнь. Сокрушение и слезы. Вера в прощение грехов. Возненавидеть прежние грехи. Борьба с грехом привлекает благодать Божию. Грехи сокращают нашу жизнь...

ЛУЧШЕ БРАНЬ, ЧЕМ МИР, УДАЛЯЮЩИЙ НАС ОТ БОГА

Григорий Богослов

О познании Бога: сколько бы ни учились, все равно невозможно познать Господа, если не будем жить по Его заповедям, ибо Господь познается не наукою, а Духом Святым. Многие философы и ученые дошли до веры, что Бог есть, но Бога не познали. И мы, монахи, учимся в законе Господнем день и ночь, но далеко не все познали Бога, хоть и веруют. Одно дело веровать, что Бог есть, и иное – познать Бога (Старец Силуан).

О молитве: если не тотчас услышаны молитвы наши, значит, Господь не желает, чтобы с нами было то, чего мы хотим, но то, чего Он хочет. В этом случае Он желает нам и приготовляет нечто большее и лучшее, чем то, о чем у Него в молитве мы просим. Поэтому всякую молитву сокрушенно надо оканчивать: Да будет воля Твоя.

О важности чтения: Слово Божие – пища для души и тела. В обязанность христианина входит каждый день – не лягу спать, если не прочитаю:

1. Одну главу Евангелия от Матфея;
2. Две главы Посланий, начиная с Деяний Апостолов и кончая Откровением св. Иоанна Богослова;

3. И хотя несколько псалмов из Псалтири. И так постепенно будет прочитываться весь Новый Завет, что и нужно. Как же можно жить по-евангельски, не читая его? Когда мы молимся – мы беседуем с Богом, а когда читаем Евангелие, то Господь беседует с нами, открывая Свою волю, как нужно жить и спасаться. Итак, сделайте три закладки и читайте подряд, а прочитаете все – снова начинайте, и так всю жизнь.

Молитва перед началом всякого дела: Господи Иисусе Христе, Сыне Божий, Единородный, Безначальнаго Твоего Отца, Ты рекл еси пречистыми устами Твоими: яко без Мене не можете творити ничесоже. Господи мой, Господи, верою объем в души моей и сердце Тобою реченная, припадаю благости Твоей: помози ми грешному сие дело, мною начинаемо, о Тебе Самом совершити, во имя Отца и Сына и Святаго Духа, молитвами Богородицы и всех Твоих святых. Аминь.

По окончании дела: Исполнение всех благ Ты еси, Христе мой, исполни радости и веселия душу и спаси мя, яко Един Многомилостив, Господи, слава Тебе. «Достойно есть».

Выходя из дома: Прежде чем переступить порог, произнеси слова: «Отрицаюсь тебе, сатана, гордыни твоей и служению тебе, и сочетаюсь Тебе, Христе, во имя Отца и Сына и Святаго Духа. Аминь». И огради себя крестным знамением. И никогда не выходи без этого изречения. Тогда не только встретившийся злой человек, но и сам диавол не в состоянии будет повредить тебе, видя тебя с этим оружием.

Молитва от недуга, скорби: Нужно каждый день читать подряд по одной главе Евангелия, перед и после главы сию молитву: «Спаси, Господи, и помилуй раба Твоего (имярек) словами Божественного Евангелия, чтомыми о спасении раба Твоего. Попали́, Господи, терние всех его согрешений, и да вселится в него благодать Твоя, опаляющая, очищающая всего человека во имя Отца и Сына и Святаго Духа. Аминь».

Когда бывают нечистые помыслы и желание грешить, или уныние, отчаяние, тоска, или другое искушение, то нужно говорить: «Враже, предложение твое на главу твою, Божия Матерь, помоги мне» и читать много раз молитву: «Богородице Дево, радуйся, Благодатная Марие, Господь с Тобою, Благословенна Ты в женах и благословен плод чрева Твоего, яко Спаса родила еси душ наших». Господь непременно ради молитв Божией Матери даст мир душе.

Крестом рвутся все сети вражии, которые нас окружают. Нужно крестить крестом на Восток, Запад, Юг и Север утром и вечером и во всех трудных обстоятельствах жизни (когда разгневаешься, испугаешься, поспоришь с кем-нибудь, плохой сон приснится и т.д.) читая молитву сию: «Крест Христов на весь мир освященный благодатию и Кровию Господа нашего Иисуса Христа дан нам оружием на всех врагов наших видимых и невидимых во имя Отца и Сына и Святаго Духа. Аминь».

А также кропи святой водой на все четыре стороны и говори: «Во имя Отца и Сына и Святаго Духа окроплением воды сия священная в бегство да претворится все лукавое, бесовское действо. Аминь».

Утром натощак пей святую воду, а также по всякой нужде, хотя бы и поел (когда внезапно заболеешь, разгневаешься, испугаешься, плохой сон приснится и т.д.)

Благодарственные молитвы: Просвети очи мои, Христе Боже мой, показавший мне свет Твой прекрасный. Господи мой, Господи, прибавь мне год к году, чтобы впредь во остальных грехах покаявшись, исправил я жизнь свою. Аминь. *Эту молитву читал Владимир Мономах при восходе солнца, которое не заставало его никогда в постели.*

Слава Тебе, Господи Иисусе Христе Сыне Божий, Спасителю мой, Упование мое, Надежда моя, Господь мой, показавший мне свет, слава Тебе.

Буди благословен день и час в оньже Господь мой Иисус Христос мене ради родился, распятие претерпе и смертию пострада. О, Господи, Иисусе Христе, Сыне Божий, в час смерти моея прими дух раба Твоего в странствовании суща, молитвами Пречистыя Матере Твоея и всех Твоих святых. Аминь. *Эту молитву читал святитель Иоасаф Белгородский на каждый час.*

Владыко, Господи Иисусе Христе, Сыне Бога Живаго, Творче неба и земли, Спасителю мира, Упование всех концов земли и сущих в море далече, приими нынешнее моление мене непотребного раба Твоего, и исполни во благих все желания мои во имя Отца и Сына и Святаго Духа. Аминь. *Трижды.*

Молитва, глаголемая перед св. Причащением: Верую, Господи, и исповедую, яко Ты еси воистинну Христос, Сын Бога Живаго, пришедый в мир грешныя спасти, от нихже первый есмь аз. Еще верую, яко Сие самое есть Пречистое Тело Твое, и Сия самая есть Честная Кровь Твоя. Молюся убо Тебе: помилуй мя, и прости ми прегрешения моя, вольная и невольная, яже словом, яже делом, яже ведением и неведением; и сподоби мя неосужденно причаститися Пречистых Твоих Таинств, во оставление грехов и в Жизнь Вечную.

Вечери Твоея Тайныя днесь, Сыне Божий, причастника мя приими; не бо врагом Твоим тайну повем, ни лобзания Ти дам яко Иуда, но яко разбойник исповедую Тя: помяни мя, Господи, во Царствии Твоем.

Да не в суд или во осуждение будет мне причащение Святых Твоих Тайн, Господи, но во исцеление души и тела. Аминь.

СВЯТИТЕЛЬ ИГНАТИЙ (БРЯНЧАНИНОВ)

Святитель Игнатий (в миру Дмитрий Александрович Брянчанинов) родился 5 февраля 1807 года в селе Покровском Вологодской губернии в дворянской семье. С детства отличался религиозностью и склонностью к уединению.

В 1822 году поступил в Военное инженерное училище в Санкт-Петербурге. Однако в 1827 году, незадолго до выпуска, оставил учебу, решив посвятить себя монашеской жизни.

В 1831 году принял монашеский постриг с именем Игнатий. В 1833 году был рукоположен в иеромонахи. С 1834 по 1857 год был настоятелем нескольких монастырей.

В 1857 году был хиротонисан во епископа Кавказского и Черноморского. На этом посту много сделал для духовного образования и миссионерской деятельности на Кавказе. В 1861 году по состоянию здоровья ушел на покой.

Последние годы жизни провел в Николо-Бабаевском монастыре Костромской епархии, занимаясь духовными сочинениями. Его перу принадлежат многочисленные богословские труды: «Приношение современному монашеству», «Слово о смерти», «Аскетические опыты» и др.

Скончался 30 апреля 1867 года. В 1988 году был прославлен в лике святителей Русской Православной Церковью. Почитается как один из авторитетнейших духовных писателей и наставников монашества XIX века. Его сочинения до сих пор широко издаются и пользуются большой популярностью среди православных читателей.

Святитель Игнатий (Брянчанинов) является одним из самых выдающихся и влиятельных духовных писателей и наставников XIX века в русском православии. Его значение заключается в следующем:

1. Духовное наследие: Его труды, такие как «Аскетические опыты», «Приношение современному монашеству», «Слово о смерти» и другие, считаются классикой духовной литературы. Они охватывают широкий спектр тем - от молитвы и аскетизма до духовных наставлений монашествующим и мирянам.

2. Опыт монашеской жизни: Будучи сам монахом и настоятелем нескольких монастырей, святитель Игнатий опирался на собственный глубокий духовный опыт. Его труды отражают практическое знание монашеской жизни и аскетических подвигов.

3. Влияние на духовную жизнь: Сочинения святителя Игнатия оказали огромное влияние на последующие поколения православных христиан. Многие монашествующие и миряне обращаются к его трудам за духовным руководством и наставлениями.

4. Архипастырское служение: Как епископ Кавказский и Черноморский, он активно занимался миссионерской деятельностью, духовным образованием и устроением церковной жизни на Кавказе.

5. Канонизация: Прославление святителя Игнатия в лике святых в 1988 году подтверждает его значимость и вклад в духовную жизнь Русской Православной Церкви.

Труды и жизненный пример святителя Игнатия (Брянчанинова) продолжают вдохновлять и наставлять верующих, являясь неотъемлемой частью духовного наследия русского православия.

Православная библиотека – Orthodox Logos

- *Песня церкви - Праведники наших дней* – Артём Перлик
- *Сказки* – Артём перлик
- *Следом за овцами - Отблески внутреннего царства* – Монахиня Патрикия
- *Откровенные рассказы странника духовному своему отцу*
- *Семь слов о жизни во Христе* – праведный Николай (Кавасила)
- *О молитве* – святитель Игнатий (Брянчанинов)
- *Об умной или внутренней молитве* – преподобный Паисий (Величковский)
- *В помощь кающимся* – святитель Игнатий (Брянчанинов)

www.orthodoxlogos.com

www.ingramcontent.com/pod-product-compliance
Lightning Source LLC
Chambersburg PA
CBHW030536080526
44585CB00014B/968